¿CÓMO AUGURO QUE SERÁ LA MONEDA DEL FUTURO?: BITCOIN ESTARÁ EN TU DISCO DURO

Miquel J. Pavón Besalú

Inversor

www.kritika-al-sistema.com

www.cincuentaeuros.com

www.video-bitcoin.com

Dedico este libro
A mi hijo Néstor.

ÍNDICE

LA MONEDA: CONCEPTOS GENERALES

Una moneda es una pieza de un material resistente con un peso y una composición parecida. Se suele fabricar normalmente de metal en forma de disco y con los distintivos elegidos por quien lo emite. Se emplea como medida de cambio ya sea por su valor legal o el que las partes acuerden. Se utiliza como unidad de cuenta.

Las primeras monedas que se conocen actualmente son las acuñadas en Lidia (Turquía) hacia los años 600 aC. Una vez creadas, las monedas originaron el sistema monetario. Las características han permanecido sin muchas variaciones durante milenios. Uno de los únicos cambios que han perdurado es la introducción, en las monedas europeas del siglo XVII, de las ranuras en los bordes con el fin de evitar que se limasen. Formaba parte de la picaresca ir rebanando pequeñas raspaduras del metal que podía llegar a ser más valioso que la propia moneda. Y es que, en sus inicios, lo que realmente tenía valor era la moneda en sí que estaba formada por metales preciosos. Los más conocidos son el oro, la plata y el bronce. Posteriormente se han ido introduciendo más metales en la composición de las monedas que son de menor valor tal como el acero, el cobre y el níquel.

El papel moneda fue introducido por primera vez en China. Fue en torno al siglo IX durante la dinastía Tang. Era como dinero en efectivo intercambiable por certificados emitidos por los bancos privados. Era respaldado por la potente autoridad del Estado chino. Este dinero conservaba su valor en todo el imperio. Así se evitaba la necesidad de transportar la pesada plata. Poco a poco se aceptó el uso del billete por la comodidad que representaba no tener que transportar grandes cantidades de monedas.

Así pues, las características básicas de las monedas como medio de pago se pueden resumir en las siguientes:

- El **valor** que representa no puede ser modificado.
- Debe garantizar que su posesión implique una **propiedad total**.
- El **reconocimiento unánime como medio de pago** que no es cuestionado.
- Su **divisibilidad** que permite fraccionar su valor de forma ilimitada.
- La **dificultad en su falsificación** que impide la circulación de un medio de pago que no se encuentra debidamente controlado. Debe proporcionar seguridad al usuario.
- De **transmisión rápida**, sin límites nacionales y sin intermediarios o comisiones.
- Un **soporte legislativo** por parte de las autoridades competentes. Suelen haber leyes muy severas para los que falsifican moneda.

EL MARRÓN QUE SUPONE ELIMINAR EL PATRÓN ORO

¿Qué es el patrón oro?. Es una reliquia histórica que ha utilizado el hombre durante miles de años como base fundamental del dinero. En sociedades donde nadie se fía de nadie el dinero tenía que tener una propiedad muy importante y es que tuviera lo que se conoce como un **valor intrínseco**. Es decir, si yo acepto unas monedas a cambio de mi producto el valor de las monedas que recibiré a cambio debe ser igual a lo entregado. Es por este motivo, que las monedas antiguas eran de metales preciosos. Para no andar con grandes cantidades de monedas en los bolsillos apareció bien pronto el billete que no es más que un vale que puede ser intercambiado por el oro correspondiente. En el papelito ponía algo así como que el gobierno o el banco central pagará tantas monedas de oro al portador que lo desee intercambiar. Esta situación en la que lo que circulan son papelitos intercambiables por su equivalente en oro duró hasta la Primera Guerra Mundial. Durante la guerra los gobiernos tuvieron la gran necesidad de conseguir más y más oro para poder financiar los enormes gastos de la contienda. Ante la imposibilidad de conseguirlo dictaron por ley que abandonaban la equivalencia de los billetes que estaban en circulación por el oro correspondiente. Hoy día el patrón oro ya no existe. Las actuales monedas que hay en circulación tienen un valor única y exclusivamente porque se sabe que el resto de la gente va a aceptarlos como pago. No porque el papel o la moneda tenga un valor en función del precio del papel o metales preciosos que contienen. Este dinero en circulación se dice que es fiduciario porque se basa en la fe o confianza que la sociedad tiene en él. Es una simple promesa de pago por parte de la entidad emisora que lo emite. Por lo tanto, es una deuda. Sin esta declaración de que se atenderá al pago, la moneda no tendría ningún valor.

Una de las grandes ventajas es que si se usa el patrón oro los precios se estabilizan, dentro de una estrecha franja, los valores de las diferentes monedas que aceptan el mismo. Si un país sufre déficit en la balanza de pagos produce un flujo de salida de oro fuera de su territorio. Si no se toman medidas compensatorias por parte del banco central del país afectado este flujo de salida causa una contracción en la oferta monetaria. Este hecho, a su vez, causa la disminución de los precios en el mercado interno con respecto a los de otros países. Automáticamente se alientan las exportaciones y se reducen las importaciones. Se posibilita así un flujo de oro que entrará al país. Se genera de este modo, mediante el patrón oro, una compensación automática que lleva al equilibrio al cual ayudan, además, los flujos de capital que actúan del mismo modo.

Sus contrarios aducen que el suministro de oro, que está relacionado con la actividad minera, es insuficiente al no estar relacionado con el suministro global de bienes que están relacionadas con la actividad económica en general y no sólo con la minería. También afirman que las reservas de oro están mal repartidas en proporción al peso real de la actividad económica de cada país en el mundo. Lo cierto es que el argumento de que las reservas auríferas en el mundo son desiguales no es sostenible . La verdadera responsabilidad hay que buscarla más bien en los repetidos fracasos de los diferentes gobiernos para poder restaurar un patrón oro tan estable como el que existía antes de la Primera Guerra Mundial. Los economistas explican que el uso de un patrón oro da lugar a etapas largas de fuerte crecimiento económico separadas por depresiones severas e intensas que dan lugar al empobrecimiento generalizado durante periodos cortos de tiempo. Pero estos ciclos también ocurrieron repetidas veces a lo largo del siglo XX sin que existiera ya el patrón oro. Parece que es un argumento que no se sostiene mucho por ningún lado. Pero un hecho cierto es que el abandono total del patrón oro ha supuesto un crecimiento enormemente disparatado de la oferta monetaria mundial. Ha sido muy superior al crecimiento total de los bienes y servicios que la sociedad es capaz de producir. Son dos ritmos de crecimiento muy diferentes. Esto es así porque la actual moneda está sustentada gracias a la inflación permanente en la que vivimos las sociedades occidentales. Es por este motivo que el patrón oro aún hoy tiene sus defensores.

Cualquier puesta en circulación de nueva moneda conocido popularmente como imprimir billetes (más inflación) y la manipulación de los tipos de interés, por parte de gobiernos y bancos centrales, producen periodos de auge en la actividad económica. Éstos acaban conduciendo a una asignación errónea de los recursos. Una vez cesa la emisión del nuevo dinero con la subida de los tipos de interés se produce el estallido económico. La explosión de las burbujas, creadas artificialmente con dinero a crédito, que no procede del ahorro real sino de préstamos, sin respaldo de ahorro previo, acaba siendo inevitable.

En las <u>crisis</u> las inversiones erróneas no tendrán salida y se produce, forzosamente, una nueva reasignación de los recursos que se adaptan mejor a las necesidades más urgentes de los consumidores. Las inyecciones de <u>liquidez</u> con dinero nuevo creado de la nada usado para solucionar las quiebras de las empresas y la falta de recursos de las administraciones públicas no consiguen más que alargar los periodos de depresión y, en el peor de los casos, colapsar el sistema monetario.

¿Ante tal situación qué cabe hacer?: mi consejo es siempre el mismo **diversificar el riesgo**.

MONEDA INFLACIONISTA vs. MONEDA DEFLACIONARIA

"Con un proceso continuo de inflación, los gobiernos pueden confiscar, secreta e inadvertidamente, una parte importante de la riqueza de sus conciudadanos".
John Maynard KEYNES

Hablamos de inflación cuando una moneda pierde valor y de deflación cuando una moneda gana valor con el tiempo. Ambos efectos tienen sus ventajas y desventajas en la economía. Ninguno de ellos es inherentemente bueno o malo. Aunque, por lo general, prefiramos la deflación (la ganancia de valor de nuestros ahorros) a la inflación (la pérdida de valor de éstos). Supongo que forma parte de la manera de ser humana ....

• **Moneda inflacionista:**

La inflación es el incremento generalizado y sostenido de los precios de bienes y servicios con relación a una moneda durante un período de tiempo determinado. Cuando el nivel general de precios sube, cada unidad de moneda alcanza para comprar menos bienes y servicios. Es decir, la inflación refleja la disminución del poder adquisitivo de una moneda. Se intenta medir la inflación con el índice de precios (IPC). Corresponde al porcentaje anualizado de la variación general de precios a lo largo del tiempo.

Los efectos de la inflación en una economía son diversos. Pueden ser tanto positivos como negativos.

Efectos negativos:
- Disminución del valor real de la moneda a través del tiempo.
- Desaliento del ahorro y de la inversión debido a la incertidumbre sobre el valor futuro del dinero.
- La escasez de bienes.
- Perjudica a los que no son capaces de mantener unos ingresos crecientes a lo largo del tiempo.

Efectos positivos:
- Posibilidad de los bancos centrales de los estados de ajustar las tasas de interés nominal con el propósito de mitigar una recesión y de fomentar la inversión en proyectos de capital no monetarios. Otra cosa bien distinta es que este objetivo realmente lo consigan.

Hoy en día, la mayoría de las corrientes económicas están a favor de una tasa pequeña y estable de inflación. Una inflación pequeña, en vez de nula o negativa, puede reducir la severidad de las recesiones económicas. Permite que el mercado laboral pueda adaptarse más rápidamente en una crisis. Se reduce el riesgo de que una trampa de liquidez impida una política monetaria de estabilización de la economía. La tarea de mantener la tasa de inflación baja y estable se asigna, generalmente, a las autoridades monetarias de cada país.

• **Moneda deflacionaria**:

La deflación puede desencadenar un circulo virtuoso. Al bajar los precios de todos los productos del mercado el sueldo real de los trabajadores aumenta y, por tanto, la cantidad de cosas que estos pueden comprar con el mismo numero de billetes es mayor. Esto suele enviar un mensaje a los empresarios diciéndoles que deben disminuir la cantidad de trabajadores e intercambiarlos por capital.

Efectos negativos:
- Hay que actuar contra la deflación para potenciar la demanda y se pueda cubrir el desfase con la oferta. El consenso entre los economistas sobre la mejor opción se limita al énfasis en actuar para prevenir la deflación más que para combatirla.
- Sus poseedores no van a querer gastar sólo ahorrar. Esta conciencia ahorradora generalizada presupone que tiende a deprimir la economía.
- La dificultad para devolver las deudas ya contraídas aumenta porque cada vez se gana menos dinero.
- Ganar cada vez menos dinero, incluso aunque no se pierda poder adquisitivo por la bajada de los precios, es demoledor para la habitual psicología humana.

Efectos positivos:
- Tasas de interés cercanas al cero.
- Una demanda creciente gracias a las bajadas de precios.

Resumiendo: El mejor escenario es una inflación lo más cercana a cero posible.

MONEDA REAL VS. MONEDA VIRTUAL

Una **moneda real** todo el mundo sabe lo que es. Estamos acostumbrados a ella desde que nacimos. No ha sufrido evoluciones en el tiempo. Como medio de pago aceptado tenemos tanto las monedas como los billetes de curso legal.

La **moneda virtual** estos últimos años ha ido evolucionando. En realidad, casi todos hemos conocido lo que era una libreta de ahorro en un banco. Te daban una libretita en la que iban apuntando los saldos que te correspondían en función de las cantidades de dinero ingresadas y retiradas del banco. Se basa en la confianza que se tenga al banco en cuestión. De si hace bien o mal los cálculos. El proceso de cambio ha sido tal que en esta operativa se han introducido los ordenadores y las conexiones telemáticas. El dinero ha pasado a ser un simple apunte informático que está en algún ordenador que prácticamente nadie sabe donde está. Nos hemos acostumbrado a su fiabilidad y nadie lo pone en cuestión. Los gobiernos y la banca se han preocupado mucho de que el sistema sea realmente seguro.

Pero estamos, probablemente, asistiendo a la mayor revolución monetaria desde la invención del papel moneda … pero pocos lo sospechan todavía. La criptografía matemática ya ha revolucionado el mundo de las comunicaciones en Internet al permitir transmisiones de datos seguros y, con ello, el desarrollo del comercio electrónico. Y ahora ya estamos en una nueva era monetaria. El dinero electrónico ya no es una novedad.

Internet ha cambiado tanto la vida de las personas que ya incluso se puede hablar de monedas virtuales. La más aceptada creada hasta el momento es **Bitcoin.** La gran novedad que ofrece es el de ser una moneda electrónica, descentralizada, encriptada (esto es no falsificable) y esencialmente anónima. Los pagos no están controlados ni tienen que ser validados por ningún organismo central, financiero o bancario, estatal o privado. Es un intercambio de moneda P2P similar al intercambio de archivos P2P.

El Tesoro norteamericano ya lleva días con la mosca detrás de la oreja. En la primera nota informativa que ha emitido no detalla una regulación exacta. Sí establece una primera definición sobre los actores implicados en la gestión y el uso de estas monedas virtuales que ha crecido espectacularmente en los últimos meses. Todo dependerá del marco regulatorio que Estados Unidos establezca en el futuro próximo. La nota aclara que no están sujetos a ley los usuarios que utilizan moneda virtual. Es decir, el internauta que recurre a una Bitcoin (u otra moneda virtual convertible) para comprar algo en la red ya sea virtual o real. En cambio, sí están sujetos a la ley aquellas personas que gestionen intercambio de divisas y las cambien por dinero real. En principio, supone que esta gestión deberá estar registrada adecuadamente y estar sujetas a las normas de regulación del Tesoro norteamericano.

¿CÓMO SERÁ LA MONEDA DEL FUTURO?

Tenemos hoy una <u>moneda</u> que no ha sufrido cambios sustanciales en miles de años. Las monedas y billetes de curso legal van cambiando de diseño pero la base sigue siendo la misma. Aún y su incontestable éxito, hay que advertir que el actual sistema monetario tiene una serie de importantes problemas que no lo hacen muy eficaz. Incluso la misma ONU advierte que empieza a ser hora de revisarlo todo. Se trataría de reformar el actual sistema monetario internacional. El dólar se ha mantenido como la moneda de reserva por excelencia sin ningún tipo de soporte real tras romper sus últimos lazos con el <u>patrón oro</u>. Muchos países importantes empiezan a exigir que el papel del dólar, como moneda de reserva mundial, debe ser reconsiderado. Se sugiere que se debería establecer un sistema de tipos de cambio en base a un "patrón estable", que sería gestionado y determinado de forma internacional y multilateral. Creo que nos encaminamos a ello forzados, en parte, por la actual crisis económica.

Otro problema importante que va asociado a la actual moneda es su masiva utilización para defraudar impuestos, actividades ilegales y es, sin duda, fuente de la economía sumergida. Todo ello proviene de las características que le son propias principalmente por su anonimato ya que la propiedad se le atribuye a su portador.

Características principales que podría tener la nueva moneda del futuro:

• **Funcionamiento**. Si la nueva moneda es única y exclusivamente virtual tendría resueltos los principales problemas de las actuales. Pero para ello se debería disponer de un sistema que permitiera su convivencia entre la moneda que se gestionara informáticamente con la que se usa en los intercambios diarios del mundo físico.

- *Gestión informática*: Los usuarios necesitarían descargar lo que sería un monedero virtual. En realidad sería un archivo ejecutable junto con una base de datos que se instalaría en un dispositivo portátil con conexión a <u>Internet</u>. Las cuentas podrían ser anónimas pero cada parte de la transacción estaría fijada con una clave pública para garantizar la seguridad del intercambio y evitar que se hagan dos pagos con una misma moneda.
- *Gestión física*: Lo mejor para ello sería usar una tarjeta como las que existen hoy día. Su distribución debería ser universal. Tendría que poder operar sin conexión a Internet. O que la cobertura telemática fuera realmente universal y asegurada.

• **Gratuita**. Ausencia total del cobro de comisiones o tasas. No se pueden organizar ningún tipo de gastos sobre la moneda, si se quiere que tenga éxito.

• **Control internacional**. Hay una clara ventaja si la nueva moneda no depende de ningún banco central ni de intermediarios. No puede ser que el valor de una moneda esté sujeta a decisiones políticas con intereses gubernamentales. Sería una muy interesante opción para los países rechazados por su falta de fiabilidad económica. Para que se tratara de una moneda aceptada internacionalmente debería organizarse todo con un código abierto.

• **Seguridad**. Las transacciones deberían ser públicas y estar controladas por la propia red de usuarios, testigos de los intercambios, siempre públicos. Para superar el problema de dobles pagos cada moneda que sale de un monedero contaría con su propia clave. De esta forma los casos de robos no se deberían a la inseguridad de la moneda en sí. Sino del sitio en el que se haya confiado para su guardado y custodia.

• **Ilimitada**. La utilidad de una moneda es poder comprar sin ningún tipo de restricciones. Debe tener la capacidad de poder hacerse grandes movimientos internacionales. Su valor debería estar fijado exclusivamente por la oferta y la demanda.

EL MONEDERO VIRTUAL

La verdad es que los monederos virtuales (*wallet*) ya funcionan desde hace bastante tiempo. Los tenemos en muchas webs casi sin que nos demos cuenta de ello. Incluso la cuenta que tengamos en un banco, que la usemos por Internet, se podría considerar como un monedero virtual aunque algo más complejo. Son muchas las empresas que lo facilitan. Ya los hay de todos los tipos y colores. Cada monedero es casi un mundo. Permiten realizar más o menos movimientos económicos complejos según sea la empresa que hay detrás dándole fiabilidad. El problema, quizás, es que no se rigen bajo un patrón único. Cada empresa guarda bajo llave sus principales características para que no se pueda atacar fácilmente.

Un monedero virtual es un conjunto de programas que permiten usar una determinada moneda o unidad de cálculo. Todo monedero debe poder cargarse de dinero y usarlo en cualquier cosa, principalmente para compras. Los primeros tenían unas funciones limitadas a lo que era su uso en ordenadores pero ahora ya se han incorporado aplicaciones que se pueden usar en los móviles y en las *tablets*. Todos ellos tiene un denominador común: necesitan de una conexión a Internet para poder realizar las transacciones.

Si lo que se desea es organizar una nueva moneda es necesario un monedero virtual que la soporte.

En cuanto a los monederos los hay básicamente de dos tipos:

• Unos que serían los que los podríamos considerar como *monederos online*, es decir, que para que los podamos usar necesitaremos entrar en una determinada web. Como es lógico, la seguridad de nuestro dinero será directamente proporcional a la empresa que lo gestiona. Aunque nos pueda parecer algo imposible, debemos tener muy en cuenta que los mismos bancos o grandes empresas han tenido más de uno y más de dos problemas de seguridad serios. Y es que se trata de algo bien lógico: allí donde se almacena el dinero acudirán los ladrones para intentar llevarse la mayor tajada que puedan.

• El otro tipo lo podríamos mal denominar *monederos offline*. Serían los monederos en los que la aplicación resida en nuestro ordenador o dispositivo. En este caso la seguridad recae en nuestro ordenador y de su vulnerabilidad. Tiene la ventaja que se puede operar sin estar conectado a Internet constantemente usando las aplicaciones que tengamos instaladas. El problema está en que las recargas o pagos de dinero siempre van a acabar necesitando, aunque sea por un momento, la conexión por Internet a la central de datos que valide las operaciones.

FÍSICAMENTE NO ES NECESARIO UN FÍSICO PARA COMPRENDER LA GESTIÓN DEL DINERO FÍSICO

¿Quién no conoce el dinero físico?. Se podría decir que absolutamente todo el mundo ha usado la moneda y sabe lo que se puede hacer con ella. Otra cosa bien diferente puede ser que no se conozca, o no se haya tenido nunca, un *"Bin Laden"*, es decir, un billete de 500 euros. Recibe popularmente este curioso nombre porque se dice del billete, al igual que del famoso personaje, que se sabe de su existencia pero que nadie reconoce haberlos visto.

Actualmente el dinero, a pesar de su extrema utilidad, tiene una serie de importantes problemas que no han sido resueltos en milenios. Todos ellos van asociados a su principal característica: la moneda es una propiedad, un activo físico, que la ostenta su portador y es, por lo tanto, anónima. Son precisamente estas propiedades lo que le hacen que sea extremadamente popular. Aparte de que es muy útil porque se puede utilizar para comprar cualquier cosa.

Con los siglos el sistema tributario ha ido evolucionando. Se ha ido complicando más y más. Pero su principal problema está en su raíz de cálculo. Técnicamente: su base imponible. Casi todos los principales tributos se calculan en proporción a la actividad económica. Al existir dinero físico anónimo automáticamente acaba existiendo lo que se conoce como economía sumergida, el dinero negro. Que no es, ni más

25

ni menos, que las ganancias obtenidas que no han tributado los impuestos que le corresponden.

Para solucionar este importante problema sólo caben dos posibles soluciones:

• **Cambiar radicalmente la actual estructura impositiva** creando nuevos impuestos en los que la base de cálculo no esté ligada a una declaración voluntaria y bien intencionada del contribuyente. Por ejemplo, una declaración de IVA es extremadamente fácil de falsificar para todo lo que son ventas que se han realizado al contado. Entre otras cosas, porque la mayoría tiende a no declarar este tipo de ingresos. En cambio, un recibo de agua, que va en función de un determinado consumo, se paga prácticamente por la mayoría. Su cálculo depende de un consumo bien mensurable y comprobable por las dos partes intervinientes. Y, en el caso de no pagarlo, te puedes encontrar que en poco tiempo te puedes quedar sin suministro. Con el tiempo, será imparable una estructura de impuestos que acabe siendo más eficaz y, a la vez, más justa. Todos los impuestos mal concebidos de raíz creo que tienen los días contados. Entre otras cosas porque está bastante demostrado que un aumento en el tipo impositivo no aumenta su recaudación proporcionalmente. Lo único que crece es la economía sumergida que va asociada a ese impuesto. Los únicos impuestos que acabarán sobreviviendo son los que se puedan comprobar sin género de dudas por las dos partes: administración y contribuyente.

• **Quitarle el anonimato al dinero** para poder registrar absolutamente todas las transacciones económicas que se realicen. Es la otra posibilidad que queda. Para que sea posible habría que convertir todo el dinero físico en dinero virtual. Más que nada porque es tremendamente fácil de controlar todos sus movimientos con potentes ordenadores. Lo que hoy día se aproxima más a esta solución son las tarjetas de débito y de crédito. No son como el dinero físico pero con pocos cambios técnicos se podría conseguir.

Para que las tarjetas tuvieran la misma utilidad o, incluso, más convendría añadirles dos importantes nuevas funciones que hoy no las tienen:

— Poder saber el saldo de la tarjeta sin necesidad de ir a un cajero automático o consultar la cuenta en línea.
— Poder realizar pagos y cobros con la tarjeta por contacto o proximidad sin necesidad de que exista una conexión por Internet para verificarla. Por ejemplo, dotándolas de una conexión *bluetooth*.

Para añadir estas dos nuevas funciones a las tarjetas actuales pienso que se solucionaría fácilmente si a los plásticos actuales les añadiéramos unas mini placas solares, pantalla informativa y teclado. La tecnología del teléfono móvil actual ya ha evolucionado lo suficiente como para que esto no sea imposible de hacer técnicamente. Las tarjetas futuras de plástico, con estas nuevas innovaciones técnicas citadas, van a poder sustituir sin problemas al actual dinero físico.

PERO .... Y ¿QUÉ ES BITCOIN?

En los artículos anteriores se ha ido explicando, una a una, todas las características básicas de la moneda con el objeto de poder entender bien la nueva moneda **Bitcoin**.

• **¿Qué es?**. Una moneda electrónica concebida en el año 2009 por un personaje desconocido que se oculta bajo el pseudónimo de Satoshi Nakamoto. Su autor diseñó un protocolo y una red P2P que se encarga de sustentarlo. Al tratarse de un proyecto nuevo está en constante evolución por lo que conviene con su uso tener unas ciertas normas de prudencia.

• **Dirección Bitcoin**. Para poder usar las monedas es necesario disponer de una secuencia alfanumérica de 33 caracteres de largo en un formato legible para las personas. Su formato es como éste: 1GuTbCuATzAdCSb7d86Uf6sPcgf9Pu2fpk. Por cierto .... se aceptan donativos ;-). Cada una de estas claves criptográficas suele ir asociada a un monedero de tal forma que al disponer de uno automáticamente ya se facilita una dirección Bitcoin como la descrita. Para entendernos, la clave vendría a ser como un número de cuenta en un banco porque nos va a permitir recibir cobros y pagos. El sistema permite tener multitud de direcciones porque su generación es bastante simple.

• **Transacciones** (cobros y pagos). Las monedas Bitcoins contienen la clave criptográfica de su propietario. Para poderlas transferir, a la hora de realizar un cobro o un pago, se envía a la red P2P tanto la moneda como la clave para que pueda ser todo verificado. Una vez se comprueba la firma criptográfica y el número de monedas a transferir se acepta y retransmite.

• **Proceso de comprobación**. La red Bitcoin mantiene una lista colectiva de todas las transacciones que son públicas y conocidas. Es lo que se conoce como *cadena de bloques*. Los bloques se van generando constantemente mediante un proceso que se conoce como *mining*. Cada bloque nuevo se va añadiendo a la cadena más larga de la que se tiene conocimiento. Para que un bloque sea aceptado como el correcto hay que resolver un problema criptográfico. A medida que hay más y más bloques el problema a resolver se hace más y más complicado. La posibilidad de falsificar esta moneda sólo es posible si se dispone de una potencia de cálculo suficiente como para resolver el enigma matemático. Este hecho parece que tiene una probabilidad muy remota por la dificultad creciente de los problemas a resolver.

• **Características principales**:

— *Símbolo*: Se usa informalmente: BTC.
— *Fracción*: Se usa de forma fraccionada con 8 decimales.
— *Banco emisor*: Ninguno. Es totalmente descentralizada.
— *Ámbito*: Internacional. Concebida para su uso en Internet.
— *Tasa de cambio*. Es totalmente flotante y libre sujeta únicamente a la ley de la oferta y la demanda.
— *Número total de bitcoins*: Actualmente, en 2013, hay en circulación unos 11 millones de monedas. En el año

2031 está previsto que se haya generado el 99% del total de 21 millones de monedas que se emitirán.

– *Programación*: C++. En código abierto.

MECÁNICA UTILIZADA PARA LA GENERACIÓN DE BITCOINS

A la hora de concebir la nueva moneda <u>Bitcoin</u> se ha pensado en el <u>oro</u>. Esta divisa no está respaldada por ningún capital, ni materia prima y, ni mucho menos, por una determinada reserva de oro almacenada en ningún sitio. Pero sí se ha pensado en el oro como referencia básica para su funcionamiento.

De la misma manera que en el planeta Tierra hay una cantidad abundante, indeterminada, pero finita de oro se ha pensado, por sus fundadores, que para los bitcoins sea igual. Pero hay una pequeña diferencia con el citado metal precioso. Mientras que la cantidad de oro en el mundo no se puede saber a ciencia cierta con exactitud sí que se sabe la cantidad de Bitcoins que habrá en un futuro lejano: 21 millones.

Para poner en circulación la mencionada masa monetaria se ha pensado utilizar una especie de mineros (*miners*) que van a ser los encargados de trabajar una supuesta mina de monedas y obtener por su trabajo los bitcoins. Desde luego, no se trata de una mina cualquiera y parecida a lo que todo el mundo puede estar acostumbrado. De lo que se trata es de resolver problemas criptográficos cada vez más complejos. El premio por resolver el enigma son los apreciados bitcoins. La minería de bitcoins es el proceso por el cual se generan los bloques de una cadena cuyo propósito es el de verificar la legitimidad de las últimas transacciones que se han llevado a cabo. Por lo tanto, es evidente que añadir un nuevo bloque a la cadena es un proceso difícil que requiere un gran poder de cómputo.

La verdad es que se acepta a cualquiera que tenga un ordenador potente a participar en la mencionada minería y ganarse unos premios en bitcoins. Como actualmente se trata de un negocio bastante lucrativo incluso hay la posibilidad de trabajar en equipo con otros mineros para unir fuerzas y conseguir más monedas de las que se podrían conseguir trabajando solo. Los problemas criptográficos a resolver parecen estar concebidos de tal manera que no siempre los resuelva primero el que tenga el ordenador con más potencia de cálculo sino que también exista un cierto componente de azar.

Todo este mecanismo está encaminado a darle seguridad a la moneda. Dificultar su falsificación. Las monedas en circulación sólo son válidas si tienen su correspondiente dirección Bitcoin asociada. Las únicas nuevas monedas válidas son las que proceden de la minería como premio a la resolución del enigma criptográfico correspondiente. Desde el punto de vista de la red, los mineros son los encargados de dar seguridad al sistema verificando las transacciones que se llevaron a cabo e impidiendo que hayan errores de cómputo.

Al principio la recompensa por encontrar un bloque era de ฿50 (cincuenta bitcoins). A partir del año 2012 se redujo a la mitad. Seguirá reduciéndose a la mitad aproximadamente cada 4 años. En principio, el límite establecido de 21 millones de bitcoins no se alcanzará nunca al tratarse de un límite.

La red Bitcoin crea y distribuye un lote de nuevos bitcoins aproximadamente cada 10 minutos y de manera aleatoria a alguien que esté ejecutando el software para generar bitcoins. La probabilidad de que un usuario reciba un lote depende del poder computacional que él esté aportando en relación a la suma del poder computacional que aportan todos los demás mineros. El sistema está diseñado para que la dificultad cambie cada 2016 bloques, es decir, cada 2 semanas. El propósito de este ajuste, automáticamente controlado, es que el ritmo de producción se mantenga fiel a las reglas que fija el protocolo de Bitcoin.

A efectos prácticos, para poder minar bitcoins es necesario tener un buen ordenador con una tarjeta gráfica potente, una conexión a Internet y contar con un consumo de electricidad todo ello en una zona bien ventilada porque el ordenador va a generar bastante calor. Hay que echar muchas cuentas para obtener una buena rentabilidad al invento. También hay que tener en cuenta que desde el punto de vista legal las cosas con el tiempo se pueden complicar en algunos países. Se puede llegar a considerar la actividad minera como un delito. Es bastante probable que las autoridades intenten penalizar esta actividad por considerarla falsificación de moneda.

PRINCIPALES VENTAJAS DE LA MONEDA BITCOIN

Una vez que ya he comentado, en los artículos anteriores, las características básicas de la moneda voy a intentar explicar las principales ventajas de Bitcoin. Para lo que son las principales desventajas lo dejaré para el próximo capítulo.

Para ser sincero tengo que reconocer que por ser algo organizado en plan popular está muy bien hecho. Mi impresión es que no estamos ante un experimento simple sino que nos vamos a encontrar con algo que va a tener bastante recorrido. En el momento de escribir este artículo (año 2013) ya va por sus casi 5 años de existencia. Ha superado todos los principales problemas típicos de cualquier inicio. Según podemos ver en las estadísticas ofrecidas por Blockchain puede haber:

- Unos 250 mil usuarios más o menos activos.
- Una capitalización de mercado aproximada de 1.000 millones de dólares.
- Unas 50 mil transacciones diarias.

Todo ello son datos más que suficientes como para tenerlos muy en cuenta fruto de su apoyo popular. Pero está claro que nada triunfa en esta vida si no se ofrece alguna ventaja clara para el usuario.

Las principales son:

• **Es anónima**. Si bien son públicas todas las transacciones realizadas en la que consta la dirección Bitcoin, el importe y la fecha su propietario no lo es salvo que lo desee expresamente. Se ha criticado mucho esta característica pero no debemos olvidar que las actuales monedas y billetes, que están en circulación y son de curso legal, también son anónimos. En el caso de la actual moneda legal su propietario es el simple portador. Para Bitcoin su propietario es todo aquel que pueda conocer las claves de acceso al monedero que custodia los Bitcoins. Al existir un registro público de todas las transacciones hay que reconocer que el sistema Bitcoin gana en transparencia a la moneda actual en circulación.

• **No se puede embargar**. No se pueden congelar los fondos disponibles por las autoridades de cualquier tipo y naturaleza que sean. Un ejemplo importante que ha transcendido es el caso de <u>Wikileaks</u>. En el momento de estar en el punto de mira del Gobierno de los <u>Estados Unidos</u> automáticamente se le cerraron todas las puertas económicas legales y sufrió un embargo de todos los bienes. ¿Una empresa modesta qué puede hacer ante un potentísimo gobierno para poder sobrevivir económicamente?: abrió un monedero Bitcoin y empezó a admitir donaciones en bitcoins.
También hay que tener en cuenta que:

- No se puede restringir de forma arbitraria la adquisición de bienes y servicios.
- Se puede tener dinero oculto y de forma gratuita muy fácilmente pudiendo estar repartido en diferentes sitios del mundo sin ningún tipo de problemas.

- No es necesario que un gobierno lo tutele para que sea confiable.

• **En cuanto a su operativa normal**: Tiene todas las ventajas técnicas de una moneda virtual.

- Funciona las 24 horas del día los 7 días de la semana. No hay interrupciones ni festivos.
- No es necesario, para realizar un cobro o un pago, la intervención de un tercero. Por ejemplo, un banco que se llevará su trozo del pastel.
- Costes muy reducidos para su gestión en la web.
- Hace viables económicamente los micropagos.
- Las transacciones internacionales se pueden realizar sin ningún impedimento físico ni político. Esto es muy importante para las poblaciones de pequeños países bananeros. Si no es así difícilmente pueden tener acceso a la economía real. Muchas webs importantes siempre ponen en su letra pequeña las poblaciones de los países que no son aceptados para comerciar. Bitcoin abre las puertas a todos los proscritos.
- Permite realizar transacciones complejas criptográficas para todo tipo de reglas y condiciones libremente acordadas entre las partes.
- Permite la acumulación de grandes fortunas en un espacio informático tan reducido como se desee.
- Es muy difícil su falsificación por su gran complejidad criptográfica y por su gran deslocalización.
- Es tan divisible como se desee. Actualmente el Bitcoin se está utilizando ya con 8 decimales.

• **En cuanto a su convertibilidad**: Para mí este fue un punto realmente importante a tener en cuenta. Tener bitcoins está bien. Es divertido. Pero tiene que ser fácil convertirlo en dinero de curso legal. Hay dos temas que los vi realmente bien resueltos. Uno es que Bitcoin cotiza con respecto a las principales monedas del mundo constantemente. Hay bastantes webs que lo facilitan en la actualidad sin muchos problemas. Y el otro básico es que se pueda recibir bitcoins en una tarjeta de débito y, a continuación, poder retirar el dinero en cualquier cajero automático del mundo. Esta operativa la facilita estupendamente OKPay.

• **En cuanto a su implicación macro económica**:

- Como el aumento de la masa monetaria cada vez será menor va a generar una mejora en el poder adquisitivo de los usuarios. Se trata claramente de una moneda deflacionaria.
- Tiene un respaldo similar al que tuvo en su día la moneda legal con el patrón oro.

PRINCIPALES DESVENTAJAS DE LA MONEDA BITCOIN

Una vez que ya he comentado, en el artículo anterior, las principales ventajas de la moneda Bitcoin toca ahora hablar de las desventajas. A medida que gane en popularidad estas desventajas las van a airear los organismos oficiales hasta la saciedad.

• **Intervención y supervisión de los bancos centrales oficiales**. No la tiene. Ni más ni menos. Es una moneda que va totalmente por libre. **No tiene ninguna garantía legal**. En realidad, visto fríamente, la moneda Bitcoin simplemente es un puñado de bits almacenados en un disco duro de un dispositivo electrónico. Nada más. La imposibilidad de que cualquier persona pueda duplicar los pagos con una misma moneda o se pueda falsificar ya es muy remota a día de hoy. Existe una gran cantidad de personas interconectadas entre sí que se encargan de realizar todas las comprobaciones de las transacciones realizadas. Un movimiento económico sin que sea validado no se acepta. Así de simple.

El problema radica, pues, en dos aspectos relevantes:

— *¿Quién me da más confianza?*: la supervisión de un banco central o un puñao de fanáticos que se encargan de comprobarlo todo. Parece increíble pero lo que atenta contra toda la lógica sobrevive y se ha enfrentado de cara a los organismos más potentes del mundo mundial.

- *¿Operar con Bitcoins es legal?*. Pues la verdad es que sí. Yo diría que ya casi todo el mundo tiene una tarjeta de puntos de su supermercado favorito o de su gasolinera habitual. Un <u>Bitcoin</u> no deja de ser como otros puntos más. Son todos estos puntos lo que se conoce como <u>moneda virtual</u>.

Resumiendo: Es una forma prometedora de efectivo electrónico, fuera del control de los bancos centrales y muy bien vista por los *hackers*.

• **Es una moneda muy especulativa.** El gran interrogante en estos momentos es saber si **Bitcoin va a ser capaz de sobrevivir a las actuales turbulencias** que están sufriendo todas las divisas del mundo.

- *¿Cuál es la diferencia entre un Bitcoin y un punto de una tarjeta de una gran superficie?*. Uno muy importante .... el punto del comercio siempre está soportado sobre algo real: dinero en una cuenta, oro, crédito disponible, derecho a un descuento en la próxima compra o lo que sea pero siempre se trata de algo físico. El Bitcoin es algo intangible y, consecuentemente, inembargable. Su valor no depende de lo que es sino que está en función de lo que la gente le quiera dar en función de la ley de la oferta y la demanda. ¿Qué quiero decir con esto?. Pues que, algo que es inmaterial en su esencia, su precio nunca podrá ser bien definido de forma objetiva y, por lo tanto, estará siempre sujeto a los caprichos de los especuladores.

- **Es una moneda usada por el mercado negro**. Evidentemente. Como todo en esta vida.

Se pone por ejemplo paradigmático perfectamente comprobable Silk Road. Es una <u>web</u> en el que los vendedores de drogas anuncian sus productos en un ambiente relajado similar al de <u>Amazon</u> o <u>eBay</u>. Tienen su carrito para las compras y la posibilidad de hacer comentarios sobre el servicio o leer lo que han hecho otros. El sitio usa Tor que es una red que permite la anonimidad. Oculta la ubicación de sus servidores y los pagos con Bitcoins hacen que no haya ninguna constancia. Los vendedores de drogas no son los únicos interesados en los bitcoins. Los *hackers* de Lulz Security, cuya campaña para distorsionar el <u>tráfico online</u> tuvo repercusión internacional en 2011, recibió miles de dólares en bitcoins cuando prometió a sus partidarios que el dinero sería usado para lanzar ataques cibernéticos al FBI. Un informe, elaborado aparentemente por esa agencia y que fue filtrado por <u>Internet</u> el año pasado, dijo que *"dado que Bitcoin no tiene una autoridad centralizada, detectar actividades sospechosas, identificar a sus usuarios y obtener registros de transacciones resulta muy problemático para los organismos policiales"*.

Resumiendo: La red podría transformarse en una herramienta útil para actividades ilegales que trascienden el mundo cibernético tales como **la pornografía infantil, el tráfico de drogas y el terrorismo**. Pero mi pregunta es ¿qué puede hacer una persona proscrita por la sociedad?. Por ejemplo, un ciudadano cubano, coreano o centroafricano ¿por qué se le tiene que negar toda posibilidad de tener una oportunidad para poder prosperar?. No tiene ninguna culpa de las disputas internacionales partidistas. O sin ir tan lejos, ¿una persona embargada no tiene derecho a tener una segunda oportunidad para rehacer su vida y poder comer?.

Se me ocurre que cabría una mejora de Bitcoin si existiera internacionalmente una divisa abierta reconocida por todos los estados para cualquier persona ..... pero a día de hoy esto es sólo una bonita utopía.

LA MONEDA BITCOIN VISTA COMO INVERSIÓN

Queda analizar un aspecto importante de Bitcoin: su utilización como inversión.

• **Repasando su corta historia** hay que ver su trayectoria es lo lo más atractiva que uno se pueda echar en cara.

En su nacimiento, en el año 2009, el primer cambio registrado de cotización fue en el mes de octubre del año 2009. Se cambió a razón de un Bitcoin por 0.0008 dólares.

Ha trascendido una anécdota divertida que puede pasar a la historia de las finanzas. Según parece un tiempo más tarde, en el mes de mayo del año 2010, el programador Laszlo no tenía mucho dinero y pidió pagar una pizza de unos 25 USD ofreciendo por ella 10.000 BTC. Los pizzeros aceptaron el trato. Es increíble saber que sólo tres años más tarde los bitcoins pagados por esta misma pizza están valorados ya en más de un millón de dólares. Yo por mucho menos soy capaz de pasar hambre ....

La cuestión es que en su corta existencia no ha llamado mucho la atención. Por lo que parece sus primeros usuarios no le daban ni valor. En su corta inicial andadura, su cotización se ha mantenido bastante estable en torno a los 10 dólares el Bitcoin.

De golpe, una combinación de factores le han dado mucha notoriedad. En medio de la tormenta europea de divisas aparecieron una creciente cantidad de empresas que dijeron que aceptaban bitcoins por sus bienes y servicios. Esto ha hecho que el valor de cada Bitcoin ha subido fuertemente a raíz del interés que genera y ha llegado a cotizarse a más de 250 dólares. Pronto, no obstante, se vino todo abajo. El precio del Bitcoin se desmoronó. Su cotización llegó a 40 los dólares para empezar una senda alcista nuevamente. En el punto álgido especulativo la casa de cambios más conocida, Mt. Gox, dejó de negociar durante 12 horas a la espera de que la turbulencia se calmase.

En el mes de abril del año 2013 parece que busca un cambio por encima de los 100 dólares el Bitcoin.

• **¿Cómo evolucionará la cotización?** La verdad es que nadie puede asegurar nada a ciencia cierta. Creo que hay tres factores importantes que afectan y afectarán al cambio:

- A medida que existan empresas importantes que la empiecen a aceptar como moneda su valor subirá porque aumentará su demanda.
- A medida que suba su valor a largo plazo es de prever que sea más y más demandada para ser usada como ahorro. Su principal característica como moneda deflacionaria va a generar una sensación de riqueza a todos sus propietarios. Cada día que pasa puede aumentar su valor. Esto va a retraer su consumo de una forma bastante importante.

— Ahora no deja de ser algo antisistema y divertido. Como los bancos centrales vean peligrar sus mangoneos van a utilizar todo su arsenal de artillería para bloquearla y eliminarla. ¿Serán capaces de desactivar el montaje?. Evidentemente, si esto lo consiguen y sucede la cotización puede desplomarse. Tiene asociado un riesgo muy importante. Esto no hay que olvidarlo nunca. Un ejemplo lo tenemos en la frustrada moneda Liberty Dollar que eran certificados de depósito avalados por una reserva privada de oro. El gobierno de los Estados Unidos lo atajó bien rápido. Embargó el oro y se acabó la historia. Pero con Bitcoin ¿qué se puede embargar?: unos bits distribuidos por ordenadores de todo el mundo ???.

• **¿Invierto en Bitcoins?**. Como inversor, **es imposible asignar un valor racional a un Bitcoin**. Unos bits almacenados en un ordenador no tienen valor. También tiene un valor insignificante el papel con el que se fabrican los billetes de curso legal. Mientras que el billete o papelito tiene un valor fijo asignado por un gobierno central el precio del Bitcoin es el que sus usuarios acuerden. Es de prever que a medida que existan más y más usuarios de Bitcoin su precio se estabilizará. Tal y como está organizada la moneda si va teniendo éxito su precio a largo plazo es de esperar que vaya a subir y mucho. Pero hay que recordar que una moneda debe tener un valor relativamente estable, aunque sea ligeramente al alza, dado si se hace demasiado volátil lo único que conseguirá son problemas en sus transacciones. No hay que olvidar que pasamos unos tiempos muy abiertos a la especulación masiva y el juego de casino.

• **Mi opinión**. Sí que es una buena idea tener algo de bitcoins en una cartera bien diversificada con diferentes divisas. Creo que no hay que superar, de momento, el 5-10% del total de nuestra cartera. Otra cosa no es una buena idea de diversificación. Estar fuera de Bitcoin a largo plazo es algo de lo que seguramente nos podemos arrepentir. En el corto plazo especular con bitcoins realmente es una actividad de alto riesgo y voltaje. No es apto para cardíacos.

Yo, personalmente, voy a procurar tener unos pocos bitcoins en mi monedero virtual unos cuantos años no vaya a ser que vuelva a tener otra escalada de precios similar a los tres años pasados y me acabe arrepintiendo de no tener la oportunidad, en esta vida, de tener un millón de dólares …..

PRINCIPALES PASOS A SEGUIR PARA PODER OPERAR CON BITCOINS

Queda por comentar la parte práctica del asunto y no perderse en la selva de información existente ya hoy día sobre el asunto.

• **Web oficial**: <u>Bitcoin</u>.

En ella se puede descargar el <u>monedero virtual</u> oficial. Es bastante lento de instalar ya que suele tardar más de un día en poder sincronizarse con la red. Además, cada vez que deseemos operar con él tendremos que esperar a que se sincronice de nuevo por lo que deberemos esperar unos minutos más. La ventaja que tiene es que los bitcoins que tengamos en el monedero van a estar almacenados única y exclusivamente en nuestro dispositivo. Tiene el inconveniente de que si perdemos el dispositivo, y no hemos hecho una copia de seguridad, vamos a perder irremediablemente nuestras monedas.

En la web también se aportan una serie de consejos básicos a tener muy en cuenta:

- − La seguridad de nuestro monedero recaerá única y exclusivamente en el uso que hagamos de él. No revelar nuestras contraseñas a nadie.
- − El precio del <u>Bitcoin</u> es muy volátil.
- − Los pagos realizados con bitcoins son irreversibles.

- Las transacciones realizadas con bitcoins quedan todas registradas de forma pública.
- Hay que considerar Bitcoin como algo experimental.
- No debemos olvidar al realizar las transacciones económicas de liquidar las correspondientes tasas gubernamentales.

• **Monederos virtuales**: Existen ya muchos monederos virtuales que lo que hacen es simplificar el engorro de mantener un monedero en nuestro dispositivo electrónico. La seguridad de las monedas que tengamos en él ya no va a depender de nosotros única y exclusivamente. Dependeremos de un tercero que pondrá a nuestra disposición su web para poder operar. Al tener nuestras monedas en la nube podremos acceder a ellas desde cualquier lugar del mundo en el que encontremos con una conexión a Internet. El problema con el que nos podremos encontrar es que la web en cuestión limite nuestra operativa diaria hasta un determinado límite.

Hay dos tipos diferentes de monederos:

- El simple monedero que sólo permite operar con bitcoins. Cada vez son los menos. Todos tratan de añadir alguna operativa adicional poco a poco. Creo que no tienen mucho recorrido. Tratan de ganarse la vida cobrando unas pequeñas comisiones por cada transacción económica.
- El monedero que permite, además de operar con bitcoins, entrar en el mercado de compraventa de divisas. Son más interesantes. El problema que tienen es que piden todo un papeleo inicial para verificar la

cuenta y puede demorarse la broma mucho tiempo. Actualmente la casa de cambio de bitcoins más popular es MtGox. Desde nuestra cuenta en MtGox podremos transferir dinero tanto a nuestra cuenta corriente de nuestro banco habitual como a la tarjeta de débito OKPay. Esta tarjeta es muy interesante porque nos va a permitir sacar el dinero en efectivo directamente desde casi cualquier cajero automático del mundo. Tiene unas comisiones bastante económicas.

• **Información básica adicional**:

- Estadísticas monetarias de Bitcoin: Blockchain.
- Gráficos de cotización: Bitcoinity.
- Calculadora de rendimiento minero de bitcoins.

OTROS LIBROS DEL AUTOR

• **Título**: "Diccionario económico y financiero".

• **Resumen**: Diccionario con los términos de economía y finanzas más habituales de imprescindible conocimiento para la vida cotidiana.

• **Título**: "*¿Cómo salir de pobre y no morir en el intento?*".

• **Resumen**: En este libro se explica muy brevemente los pasos que hay que seguir para salir de pobre y no morir en el intento .... es decir .... para que el éxito nos acompañe fruto de haber realizado los pasos oportunos y correctos en cada momento.

• **Título**: "*¿Cómo salir de pobre y no morir en el intento? - Economía doméstica*".

• **Resumen**: Libro sencillo, ameno, divertido y directo al grano en el que se dan una serie de directrices muy interesantes encaminadas a conocer la economía que es necesaria para el ciudadano de a pie. Sin tecnicismos se tratan temas de carácter general, economía doméstica, reducir gastos, deudas y trabajo.

• **Título**: "*¿Cómo salir de pobre y no morir en el intento? - Finanzas personales*".

• **Resumen**: Libro sencillo, ameno, divertido y directo al grano en el que se dan una serie de directrices muy interesantes encaminadas a dar una base financiera para el ciudadano de a pie. Sin tecnicismos se tratan los conceptos financieros básicos, inversión financiera, negocios, impuestos y administración.

- **Título**: *"¿Cómo salir de pobre y no morir en el intento? - Krítika al Sistema"*.
- **Resumen**: Es un libro en el que se recogen una serie de temas de opinión sobre el actual sistema económico, político y social. Se piensa en voz alta y crítica sobre los derechos básicos y cómo debería ser una empresa social.

- **Título**: *"¿Cómo salir de pobre y no morir en el intento? - Reflexiones financieras"*.
- **Resumen**: Es un conjunto de citas y reflexiones de los autores más relevantes sobre el mundo financiero.

- **Título**: *"Aumenta tu cultura financiera antes de que te coma una fiera"*.
- **Resumen**: Tener una cultura financiera suficiente es básico para poder andar sin problemas por los entresijos del mundo de las finanzas. Este libro recorre los principales autores en la materia destacando sus ideas más interesantes.

- **Título**: *"Hasta un loro conoce que no es el oro lo que más reluce"*.
- **Resumen**: Más de uno y más de dos alguna vez en su vida han considerado hacer una vida más tranquila que la que tienen. El problema suele ser complejo si se quieren hacer cambios rápidamente aunque no es del todo imposible. Todo suele girar en torno a una decisión de hacer cambios vitales importantes. Hay una serie de grandes temas que hay que considerar. Son los que nos definen nuestra vida cotidiana.

- **Más información**: http://www.kritika-al-sistema.com/?page_id=1880.

www.ingramcontent.com/pod-product-compliance
Lightning Source LLC
Chambersburg PA
CBHW071648170526
45166CB00003B/1481